AF224096

LE
MILLIARD DES ÉMIGRÉS

PAR

VICTOR PIERRE

EXTRAIT DES « QUESTIONS CONTROVERSEES DE L'HISTOIRE ET DE LA SCIENCE »

DEUXIÈME SÉRIE

PARIS

LIBRAIRIE DE LA SOCIÉTÉ BIBLIOGRAPHIQUE

Maurice TARDIEU, directeur

35, RUE DE GRENELLE-SAINT-GERMAIN, 35

1881

LE
MILLIARD DES ÉMIGRÉS

« Le temps combat pour les droits violés. »
BERRYER.

Il y a trente ans, dans une comédie célèbre et que la faveur du public a maintenue au répertoire, un homme de lettres, un romancier, un auteur dramatique, qui n'affectait ni l'érudition ni l'esprit de parti, mettait en scène un vieil émigré que les lois de la Convention avaient dépouillé de ses biens et que la loyauté d'un fidèle serviteur y avait réintégré. L'un des personnages critique l'émigration, soutient qu'il y aurait eu plus de courage à ne pas abandonner le sol de la patrie : — « Ah! pardieu, monsieur, réplique le marquis, j'aurais bien voulu vous y voir ! Si l'on venait vous dire que ce château menace ruine, si ce parquet tremblait sous vos pieds et que le plafond criât et craquât sur nos têtes, resteriez-vous assis tranquillement dans ce fauteuil? Si le bourreau, la hache derrière le dos, vous appelait d'une voix câline, vous empresseriez-vous d'accourir[1]? »

C'est, en effet, la Terreur qui avait chassé de France les

______

1. *Mademoiselle de la Seiglière*, par M. Jules Sandeau, représentée pour la première fois le 4 septembre 1851. Acte II, sc. VI, p. 54.

émigrés. Lorsque l'exil lui eut dérobé leurs personnes, elle s'en prit à leurs biens. L'Assemblée Constituante (20 janvier 1790) avait aboli la confiscation ; une loi de la Convention (19-20 mars 1793) la rétablit. On condamna à mort : on spolia en même temps le condamné. Plus tard, après fructidor, on déporta ; en même temps, on confisqua les biens du déporté. Ainsi la spoliation vint aggraver l'assassinat, la confiscation s'ajouter à l'exil.

Émigrés, condamnés, déportés : trois classes de citoyens victimes de la révolution. L'État s'était enrichi de leurs dépouilles ; avec le produit des ventes, il avait pu faire et soutenir la guerre extérieure, vivre péniblement à l'intérieur, et, dans un état de banqueroute continue, fournir de temps en temps quelques ressources inespérées à des besoins impérieux. Les immenses dotations du clergé qui composaient le budget libre des églises, des bonnes œuvres, de l'instruction publique, de l'assistance générale, des hôpitaux ; les biens de la noblesse émigrée ; les biens des condamnés et des déportés, avaient donc, dans des proportions très inégales, procuré à l'État un secours efficace et nécessaire. Cet impôt forcé ne pouvait durer qu'autant que durerait la violence elle-même. Lorsque le gouvernement, sorti de l'orage révolutionnaire, reprit ses points d'appui naturels dans la justice, dans la liberté, dans l'égalité de tous devant les lois, entre toutes les plaies qui restaient à cicatriser, ne fallait-il pas mettre au premier rang cette plaie douloureuse et saignante qu'avait faite la confiscation ? Fallait-il n'édicter des lois que pour maintenir dans leur possession les détenteurs de biens nationaux ? Fallait-il considérer la spoliation comme irrévocable sous le prétexte qu'elle avait en sa faveur l'inique et brutale autorité du fait accompli ?

Le gouvernement de la Restauration ne le pensa point.

Si la politique conseillait la prudence, l'intérêt de la paix publique conseillait encore plus hautement la justice. Il y avait une tache à l'honneur de la France : cette tache, le gouvernement qui avait loyalement accepté toutes les dettes de ses prédécesseurs, se donna la mission de l'effacer. Tel fut l'objet de la loi du 27 avril 1825, qu'on appelle la loi du milliard ou de l'indemnité des émigrés. Le prétendu *milliard* resta très loin de ce gros chiffre ; quant aux émigrés, ils ne furent pas les seuls bénéficiaires de cette loi qui, dans la pensée de ses auteurs comme dans la réalité même, devait embrasser et embrassa en effet tous ceux qui avaient eu à souffrir des confiscations révolutionnaires, émigrés, condamnés et déportés.

Les hommes instruits et la presque unanimité des historiens ont rendu justice à l'esprit et aux bons résultats de la loi de 1825. Il n'en est pas moins utile de mettre en relief les caractères de cette loi longtemps méconnue et calomniée, de le faire un peu plus explicitement que les historiens eux-mêmes, et de détruire un préjugé qu'on exploite auprès des classes populaires au détriment de l'histoire et de la vérité.

§ 1

LES BIENS DITS NATIONAUX

On donna ce nom, sous la Révolution, à cette masse de biens immeubles qui avaient appartenu au clergé, aux fabriques, aux ordres religieux, et que la loi du 2 novembre 1789 mit, par un euphémisme de langage, *à la disposition de la nation;* plus tard, aux biens confisqués sur les condamnés à mort (mars 1793); plus tard enfin, aux biens

confisqués sur les personnes déportées à la suite du coup
d'État du 18 fructidor. Ces biens, sous couleur de retour à
la nation, entraient dans le domaine de l'État qui les
hypothéquait, les aliénait, ou qui, suivant ses convenances,
affectait à divers services publics les bâtiments qui en
étaient susceptibles.

L'ensemble de ces biens est estimé à quinze milliards.
Ceux qui furent vendus le furent généralement mal. La
masse jetée tout d'un coup sur le marché l'avilit ; le discrédit
moral qui s'attachait à l'acquisition de ces biens l'avilit encore davantage. Les gens qu'on dépouillait ainsi, qui, dans
leur voisinage, ne les avait connus ? Qui ne savait que s'ils
étaient sortis du territoire, c'est que l'émeute et la persé-
cution les en avaient chassés ? N'avait-on pas assisté à ces
scènes sauvages, à ces pillages, à ces incendies, à ces
sièges ? Ceux qui avaient fait partie de ces bandes et qui
auraient acheté ces biens sans scrupules n'avaient pas un
sou vaillant pour les acquérir ; ceux qui avaient quelque
argent étaient arrêtés par leurs scrupules ; restaient quelques agents d'affaires, à l'affût d'un bénéfice, mais qui
avaient hâte de le réaliser par une revente immédiate, tant
ils avaient peu de confiance dans la solidité de leur titre
et dans la moralité de leur acquisition ! Ces biens portaient
comme le sceau infamant du vol et de la spoliation.

On tenta d'abord de les vendre par grosses portions.
Mais, comme l'argent lui-même était réfractaire, comme
ceux qui le détenaient n'étaient pas disposés à l'échanger
contre un titre équivoque de propriété foncière, on se ra-
visa, et, sous prétexte de rendre les acquisitions de biens
nationaux accessibles « aux sans-culottes », on les divisa en
petits lots. Ce morcellement n'ayant pas grand succès, on fit
des loteries. Cependant, les acquéreurs demandèrent des
délais pour se libérer : on leur en accorda. Ces délais

ne suffisant pas, un décret laissa à ces acheteurs d'aventure la faculté de renoncer à leur acquisition. On prononça
des déchéances, on les rétracta. Lorsque les assignats eurent atteint les extrêmes limites de dépréciation, après
avoir autorisé le payement en assignats, on obligea à payer
en numéraire; enfin, on imagina tous les modes possibles
de liquidation, tant cette liquidation était difficile et oné-
reuse pour l'État!

En dépit des faveurs qu'octroyait le gouvernement pour
assurer le succès de cette malencontreuse opération, quel
que fût son empressement à affirmer les droits des acquéreurs et à leur en garantir l'irrévocabilité, la conscience
publique restait inébranlable dans ses protestations. Le nom
de *biens nationaux* demeurait attaché à ces biens comme
une marque de flétrissure. On leur opposait les biens
patrimoniaux, c'est-à-dire, qu'en regard de ceux que la
confiscation avait livrés à l'encan, on mettait ceux que
l'hérédité, cette loi des lois, avait régulièrement transmis.
Même sous le Directoire, alors que la République triom-
phante semblait devoir raffermir contre toute crainte d'é-
viction l'indélicatesse timorée des acquéreurs, les incerti-
tudes, les hésitations subsistaient; les dénonciations, les
accusations circulaient autour des nouveaux propriétaires;
il leur arrivait, dans certaines régions, jusqu'à des menaces,
et, pris de peur, ces prétendus propriétaires ne parais-
saient à tous et ne se croyaient eux-mêmes que des possesseurs éphémères et des détenteurs sans droit. Tant il
est vrai que la loi ne puise son autorité ni dans la volonté
du législateur, ni dans la force dont il est armé, et qu'elle
n'a plus de base si cette base n'est pas la justice!

§ 2

OPINION DE JOSEPH DE MAISTRE EN 1796

Dans les *Considérations sur la France* que Joseph de Maistre, chassé de son pays par la révolution, écrivit en Suisse et publia en 1796, il nous indique à la fois et l'état de l'opinion publique à l'endroit de ces biens et la réparation nécessaire, inévitable que la royauté devra effectuer, réparation qui ne sera pas moins avantageuse aux détenteurs actuels qu'aux véritables propriétaires.

« Personne, dit-il, ne croit à la légitimité de ces acquisi-
» tions, et celui même qui déclame le plus éloquemment sur
» ce sujet dans le sens de la législation actuelle s'empresse
» de revendre pour assurer son gain. On n'ose pas jouir plei-
» nement ; et plus les esprits se refroidiront, moins on osera
» dépenser sur ces fonds. Les bâtiments dépériront, et l'on
» n'osera de longtemps en élever de nouveaux ; les avances
» seront faibles ; le capital de la France dépérira considéra-
» blement. Très souvent, dans le sein du corps législatif, on
» a tracé des tableaux frappants de l'état déplorable de ces
» biens. Le mal ira toujours en augmentant, jusqu'à ce que
» la confiance publique n'ait plus de doute sur la solidité de
» ces acquisitions ; mais quel œil peut apercevoir cette
» époque ? »

Que de dangers pour les possesseurs de ces biens avec un gouvernement instable, révolutionnaire et besoigneux ! Joseph de Maistre le montre à merveille. « On sait, continue-
» t-il, de quelles manœuvres infâmes, de quel agio scanda-
» leux ces biens ont été l'objet. Le vice primitif et continu

» de l'acquisition est indélébile à tous les yeux; ainsi le
» gouvernement français ne peut ignorer qu'en pressurant ces
» acquéreurs, il aura l'opinion publique pour lui et qu'il ne
» sera injuste que pour eux... Fort de la conscience et (ce
» qu'il ne faut pas oublier) de la jalousie de tous ceux qui n'en
» possèdent pas, il tourmentera les possesseurs, ou par de
» nouvelles ventes modifiées d'une certaine manière, ou par
» des appels généraux en supplément de prix, ou par des
» impôts extraordinaires; en un mot, ils ne seront jamais
» tranquilles. Mais tout est stable pour un gouvernement
» stable, en sorte qu'il importe même aux acquéreurs des
» biens nationaux que la monarchie soit rétablie pour savoir
» à quoi s'en tenir... Une loi sur ce point ne sera peut-être
» pas, quand il en sera temps, le tour de force de la légis-
» lation[1]. »

§ 3

PRÉCAUTIONS RÉITÉRÉES DES DÉTENTEURS

Lorsque Joseph de Maistre menaçait les détenteurs de
biens nationaux d'un avenir de vexations et d'exactions
financières, sa sagacité ordinaire était en défaut. Il avait
escompté les embarras et les expédients arbitraires d'une
république qui durerait, et qui, pour durer, aurait besoin
d'un certain concours des honnêtes gens; or, cette républi
que ne dura pas, mais pendant son existence, loin de
se rallier les honnêtes gens, elle acheva de se les alié-
ner. Sur qui s'appuyer? Sur les vieux procédés révolutionnaires : la confiscation était du nombre. Loin de

1. *Considérations sur la France*, par Joseph de Maistre. Édition
René Bazin, 157-160. Librairie de la Société bibliographique.

pressurer les acquéreurs de biens nationaux, elle chercha au contraire à les rassurer : c'étaient ses hommes. Joseph de Maistre n'avait non plus prévu l'Empire : en 1796, qui l'eût pu prévoir? Mais si sa pensée eût poussé jusqu'à l'établissement d'une monarchie qui ne fût pas celle de la maison de Bourbon, aurait-elle admis que ce général victorieux, amoureux de monarchie au point d'en goûter et d'en pratiquer jusqu'aux abus, dût être assez inconséquent pour ressusciter un nom et une forme de gouvernement sans en ressusciter les institutions fondamentales, sans en épouser l'esprit conservateur, sans en exclûre l'esprit et les pratiques révolutionnaires?

La confiscation formait si bien un élément essentiel de la révolution qu'à chaque changement de règne, à chaque bouleversement nouveau, ces détenteurs de biens nationaux sollicitent et obtiennent comme un renouvellement de contrat. Le droit éternel n'a pas changé, ils le sentent; aussi veulent-ils à chaque fois mettre une loi positive de plus de leur côté.

Voici le Consulat. Non seulement, il ne trouble en rien ces propriétaires qui doutent d'eux-mêmes; mais, en signant le concordat, il obtient qu'il y soit inséré un article où Sa Sainteté « déclare que ni elle ni ses successeurs ne troubleront en aucune manière les acquéreurs des biens ecclésiastiques aliénés ; et qu'en conséquence, la propriété de ces mêmes biens, les droits et revenus y attachés, demeureront incommutables entre leurs mains ou celles de leurs ayant-cause[1] ». Les biens ecclésiastiques formaient la

1. Art. 13 du Concordat de 1801. — Les deux articles suivants en forment le complément et la corrélation. Art. 14. Le gouvernement assurera un traitement convenable aux évêques et aux curés dont les diocèses et les paroisses seront compris dans la circonscription nou-

plus grosse part des biens dits nationaux : grâce au concordat, les détenteurs vont avoir la conscience tranquille. Quant aux acquéreurs de biens de noblesse, on sait que l'Empire ne fera rien pour les alarmer. Son origine, ses attaches intimes avec la révolution offraient une garantie plus sûre qu'un acte législatif.

Vienne la Restauration : le moment est grave ; il faut aire ses conditions. Dans la Constitution du 6-9 avril 1814, on lit : « La peine de la confiscation des biens est abolie. » (Art 17.) Voilà les principes rétablis et proclamés. Mais attendez !... « Les ventes des domaines nationaux sont irrévocablement maintenues. » (Art. 24.) La Charte du 4-14 juin enferme dans le même article ces deux déclarations, en apparence si contraires : « Toutes les propriétés sont inviolables, sans aucune exception de celles qu'on appelle nationales, la loi ne mettant aucune différence entre elles. » (Art. 9.) Quelle singulière propriété que celle qui a besoin, pour être inviolable, qu'on ne l'excepte pas de l'inviolabilité naturelle ; qui crie à tous les échos : Sachez que je suis inviolable ; à qui le droit commun ne suffit pas ! L'acte additionnel du 22-23 avril 1815, le projet de Constitution de la Chambre des représentants du 29 juin 1815, la Charte de 1830 reprennent tour à tour les deux déclarations de la Charte de 1814.

Ainsi, les lois comme les Chartes le déclaraient à mainte reprise : il y avait en France deux sortes de biens ; la distinction en était faite par la loi aussi bien que par l'opinion, et le soin même qu'on prenait de proclamer qu'il n'y avait entre elles aucune démarcation démontrait qu'on en pouvait établir une et qu'on l'établissait en réalité. Cette distinc-

---

velle. — Art. 15. Le gouvernement prendra également des mesures pour que les catholiques français puissent, s'ils le veulent, faire en faveur des églises des fondations.

tion, que la loi ne faisait pas et qu'elle défendait qu'on fît, qui la faisait donc? Quelque chose qui est plus puissant que la loi, qui la domine, qui la fortifie ou qui la ruine : La conscience publique [1].

§ 4

ANTÉCÉDENTS DE LA LOI DU 27 AVRIL 1825

Avait-elle attendu si longtemps pour se manifester, je ne dis pas dans l'opinion, mais dans la législation? Non.

La Terreur passée, la Convention d'abord, plus tard le Directoire (du moins avant le 18 fructidor), se préoccupèrent d'effacer les traces de la confiscation. Il ne s'agissait pas des émigrés : à plusieurs reprises, on renouvela contre eux les lois les plus draconiennes; on n'avait en vue que les familles de ceux qui avaient péri sur l'échafaud. On écouta les plaintes des enfants, des veuves; on restitua les objets mobiliers, on leva le séquestre; la vente des immeubles fut suspendue; les immeubles eux-mêmes qui n'avaient pas été vendus furent restitués aux familles. La loi du 21 prairial an III avait excepté de ces mesures réparatrices les condamnés du 9 thermidor : Boissy-d'Anglas proposa d'annuler cette exception, elle fut annulée. Il alla plus loin et demanda qu'il fût fait un rapport pour savoir si le principe de la confiscation serait maintenu à l'avenir

1. La Constitution du 4 novembre 1848 dit : Art. 11. « Toutes les propriétés sont inviolables... Art. 12. La confiscation des biens ne pourra jamais être rétablie. » Elle n'a pas eu à reproduire la distinction qu'on rencontre dans les chartes précédentes, par la raison que la loi du 27 avril 1825 avait précisément supprimé la cause de cette distinction. Les constituants de 1830 ne s'en étaient pas avisés; mais en prirent-ils le temps?

(1ᵉʳ germinal an V). Hardy crut y voir la menace d'une atteinte prochaine aux propriétés nationales. Un décret confirma néanmoins la proposition de Boissy-d'Anglas. Cette disposition fut étendue plus tard, sur l'initiative de Thibaudeau, aux biens de ceux qui avaient péri sans jugement; enfin, aux héritiers de ceux qui avaient été condamnés depuis le 9 thermidor; et douze millions furent accordés au ministre des finances pour effectuer le remboursement de ce qui avait été vendu.

De ces mesures de justice antérieures à fructidor, les émigrés, il est vrai, furent exceptés; à la suite du 18 fructidor, la confiscation atteignit encore ceux qui furent déportés. Cependant, le principe était posé. Si, contre les anciens ennemis de la révolution condamnés à mort par les tribunaux révolutionnaires, la Convention, auteur des lois qui les avaient frappés, révoquait ces mêmes lois; si, contre ces ennemis publics, serviteurs trop empressés des décrets de la Convention, qu'un jour de réaction avait précipités du pouvoir et conduits à l'échafaud, la peine personnelle semblait un châtiment suffisant et qui épuisât la justice : comment les émigrés, coupables, comme les premiers, mais d'une façon différente, pourraient-ils être exceptés des restitutions proposées? Les mesures concernant les uns conduisaient à des mesures analogues pour les autres : mais, comme le Directoire redoutait surtout les émigrés, non seulement il ne fit rien en leur faveur, mais il les exclut de toutes les réparations. L'art. 373 de la Constitution directoriale portait : « Les biens des émigrés sont irrévocablement acquis au profit de la République. »

La Constitution de l'an VIII reproduisit textuellement (art. 93) les dispositions de la Constitution du 5 fructidor; mais le gouvernement consulaire n'eut pas, dans la pratique, la sévérité de sa Constitution.

Il raya des listes nombre d'émigrés. Malgré les lois antérieures, « motivées, disait-il, par le malheur des temps et la faiblesse du gouvernement d'alors », il admit (4 nivôse an VIII) les émigrés rentrés aux droits politiques ; « le gouvernement a toute la force nécessaire pour être juste et maintenir dans toute leur pureté les principes de l'égalité et de la liberté. » Il raya (12 ventôse an VIII) les membres de l'Assemblée Constituante. Le 28 vendémiaire an IX, il élimina des listes plusieurs séries, n'y maintenant que les princes de la famille de Bourbon, ceux qui faisaient partie de leur maison civile ou militaire et ceux qui avaient porté les armes contre la France. Enfin, le 6 floréal an X (26 avril 1802), lorsque la signature de la paix d'Amiens eut couronné le triomphe des armées françaises, une amnistie générale fut accordée, sauf de rares exceptions.

Mais, quelle que fût la condescendance pour les personnes, il y eut un principe de conduite sur lequel le Premier Consul ne fléchit pas : la garantie des ventes des biens nationaux, « dont le maintien, disait le sénatus consulte, sera toujours un objet particulier de la sollicitude du Sénat conservateur comme il l'est de celle des consuls ». Quant aux biens non vendus et qui étaient restés dans les mains de la nation, ils devaient être rendus sans restitution des fruits. C'était un commencement de justice : ce n'était pas la justice entière.

En 1814, Louis XVIII compléta les radiations; une loi des 5-6 décembre écarta les exceptions que le premier consul avais mises à la restitution des biens non vendus, et, détachant ces biens, sous certaines conditions, du domaine de l'État, il les rendit à ceux qui en étaient propriétaires, ou à leurs héritiers ou ayant-cause. Le roi prenait du reste vis à vis de ce qu'on appelait l'opinion toutes sortes de précautions : « Dans les dispositions de cette loi, nous avons considéré le devoir que nous imposait l'intérêt de nos peuples de concilier un acte de justice avec le respect dû à des droits acquis par des tiers en vertu des lois existantes, avec l'engagement que nous avons solennellement contracté et que nous réitérons de maintenir les ventes de domaines nationaux; enfin, avec la situation de nos finances, patrimoine commun de la nombreuse famille dont nous sommes le père et sur lequel nous devons veiller avec une sollicitude toute paternelle. »

On sait qu'au retour de l'île d'Elbe, Napoléon data de Lyon plusieurs décrets (13-21 mars 1815) qui abrogeaient la loi rendue par Louis XVIII, expulsaient tous les émigrés du territoire de l'Empire, et ordonnaient le séquestre de leurs biens. Mais ces mesures arbitraires, destinées par leur auteur à flatter les passions révolutionnaires sur lesquelles il était réduit à s'appuyer, n'eurent aucun effet réel et furent si bien considérées comme nulles, que, une fois rétabli, le gouvernement royal ne prit même pas la peine d'en prononcer la nullité.

§ 5

LA LOI D'INDEMNITÉ DU 27 AVRIL 1825

Quelques jours après le vote de la loi du 5-6 décembre 1814, le maréchal Macdonald demandait que le budget de 1816 comprît une somme destinée à la création de rentes en faveur des anciens propriétaires de biens confisqués depuis la révolution. Que cette réparation fût en projet dans l'esprit du roi et de ses ministres, rien n'est moins douteux; mais, à la prudence avec laquelle Louis XVIII venait de motiver la loi de 1814, on peut juger qu'il voulait prendre son temps; quelle que fût l'équité de cette mesure, et malgré les impatiences qui s'agitaient autour de lui et presque dans le ministère, il voulait qu'à un mérite de justice incontestable elle joignît celui de l'opportunité.

Il y avait d'ailleurs, pour l'État, un gros sacrifice à faire, et la France sortait d'une série de guerres de vingt-deux années, terminée par des revers et liquidée par des milliards à payer. Les Cent Jours et les désastres de Waterloo apportèrent de nouvelles charges sous la double forme d'une nouvelle indemnité de guerre et d'une lourde occupation étrangère. Cependant, l'État faisait loyalement honneur à ses dettes, à celles des régimes antérieurs comme à celles du nouveau : le crédit de la France s'établissait. Déjà même, des réserves étaient préparées pour faire face au grand acte de réconciliation nationale que le roi rêvait d'accomplir, lorsque le pressant intérêt de la couronne d'Espagne et le désir de rebaptiser le drapeau blanc dans de nouvelles victoires provoquèrent l'intervention militaire en Espagne. Enfin, le 23 mars 1824, dans son dernier discours aux Chambres, le roi annonça le désir de *fermer les dernières plaies de la Révolution*. Il s'agissait bien, cette fois, des émigrés, de la réparation qui leur était due et que l'État s'apprêtait à acquitter. Louis XVIII mourut sans avoir vu cette loi qu'il avait souhaitée et annoncée. Ce fut l'une des premières que son successeur fit présenter aux Chambres.

Comme le faisait remarquer le rapporteur à la Chambre des députés, M. de Martignac, le moment était favorable. « La libération de l'arriéré, l'heureux état de nos finances, la puissance toujours croissante de notre crédit, la bonne et sûre intelligence qui règne entre le roi et les autres gouvernements, permettent enfin de sonder cette plaie que la restauration a laissée saignante et qui porte sur le corps entier, quoiqu'elle paraisse n'affecter qu'une de ses parties. Le temps est arrivé où il est possible de dire à ceux qu'on a dépouillés de leur héritage et qui ont supporté ce malheur avec une si constante résignation : l'État vous a privés de vos biens, il en a transmis la propriété à d'autres dans des temps de troubles et de désordres; l'État rendu à la paix et à la légitimité *vient vous offrir le dédommagement qui est* en son pouvoir; recevez-le, et que la funeste trace des confiscations et des haines s'efface et disparaisse pour jamais!... Il importe qu'un exemple mémorable et utile pour tous apprenne que les grandes injustices doivent, avec le temps, obtenir de grandes réparations. »

Quelque opposition qu'il dût rencontrer, le projet de loi était, dans son principe, d'une justice incontestable; mais les difficultés d'exécution étaient grandes.

La première provenait du chiffre même de l'indemnité à solder et que l'on évaluait, déduction faite du passif, à un milliard, ou, en chiffres exacts, à 987,819,962 f. 96. — Il ne pouvait être question ni de payer en capital une somme aussi considérable, ni d'augmenter les impôts, que les charges de la guerre avaient déjà grossis d'une somme égale à ce capital.

Il fallait recourir au crédit et faire une émission de rentes.

Il n'y avait alors qu'une sorte de rente : la rente 5 pour cent, ce qui représentait une émission de cinquante millions, chiffre énorme pour le temps, et qui pouvait provoquer l'observation qu'un intérêt à 5 pour cent pour des immeubles représentait deux cinquièmes de plus au moins que le revenu normal des fonds de terre; encore ce revenu en rentes serait-il exempt de toutes charges.

L'habile ministre qui avait préparé le projet de loi, M. de Villèle, en avait dans sa pensée rattaché la fortune à celle d'un projet de finances qui avait échoué devant les chambres l'année précédente, mais qu'il représentait en 1825 singu-lièrement modifié et amélioré : je veux parler de la conversion du 5 pour cent en 3 pour cent, conversion obligatoire dans le système du projet de 1824, facultatif seulement dans le nouveau projet. L'émission des rentes destinées à l'indemnité devait se faire en fonds nouveaux, c'est-à-dire en 3 pour cent. C'était une émission de trente millions au lieu de cinquante, et, pour bien montrer que le projet de conversion était solidaire du projet d'indemnité, le ministre ʼes avait présentés ensemble et le même jour (3 janier).

Sans approfondir des détails d'un caractère un peu technique, voici, d'une façon sommaire, comment M. de Villèle entendait l'opération.

Il devait être émis trente millions de rentes 3 pour cent en cinq années, soit 6 millions de rentes chaque année. De ces six millions, trois étaient rachetés par la caisse d'amortissement, ce qui, au bout des cinq années, constituerait un total de quinze millions de rentes rachetés. Quant aux quinze millions de surplus, les seuls qui resteraient réellement à la charge de l'État, il espérait que les excédants des budgets suffiraient pour les acquitter. Dans cette combinaison, la charge de l'indemnité n'était que temporaire, minimed'ailleurs, et, en fin de compte, ce devait être un virement de chiffres et d'espèces plutôt qu'une dépense sèche. De plus, grâce à la diminution de la dette par suite de la conversion du 5 pour cent, les contributions directeseraient dégrevées dès l'année 1826.

Voilà pour la question financière.

La seconde difficulté consistait à trouver une base d'évaluation. On distinguait entre les ventes suivant qu'elles avaient été faites antérieurement ou postérieurement au

12 prairial an III; pour les premières, on avait adopté le prix d'adjudication; pour les secondes, on prenait comme base le revenu de 1790 multiplié par 20. Mais de cette différence dans le procédé d'évaluation, il ressortait un écart et une inégalité très sensibles. Comment adopter pour base un prix d'adjudication notoirement inférieur à la valeur réelle, alors que ces adjudications, faites au début de la révolution, l'avaient été d'une façon précipitée, en temps de crise, et sous l'empire d'une dépréciation scandaleuse des biens?

Pour parer à cette inégalité de traitement, voici ce qu'on imagina. Le revenu de 1790 étant pour les rentes postérieures à l'an III multiplié par 20, on en retrancha deux vingtièmes destinés à former un fonds commun sur lequel on prélèverait un supplément d'indemnité pour les propriétaires de biens de la première catégorie. Ce fonds devait rester entre les mains de l'État jusqu'au moment où, en fin de liquidation, on le distribuerait à qui de droit. Nous verrons plus loin ce qu'il en advint.

L'indemnité ne portait que sur les immeubles. Pour favoriser la rentrée des biens dans les mains des anciens propriétaires, la loi ne soumettait qu'à un droit fixe de 3 fr. l'enregistrement de tous actes translatifs de biens confisqués, passés entre le propriétaire actuel et l'ancien propriétaire ou ses héritiers.

Enfin, par une disposition qui ôtait à la loi le caractère d'un privilège réservé à une seule classe, le bénéfice en était applicable non seulement aux émigrés, mais à tous les individus, déportés ou condamnés révolutionnairement (art. 13). C'était la revanche de la confiscation, et, puisqu'elle avait atteint émigrés, condamnés et déportés, le ministère avait voulu que ces trois classes de victimes en recueillissent le bienfait réparateur. Il était évident que les émigrés qui n'avaient jamais reçu d'indemnité et qui en avaient été toujours exclus préléveraient la part la plus forte; au contraire, les condamnés et déportés ou leurs ayant-cause ayant été admis depuis longtemps et par la Convention et par le Directoire à des restitutions de biens, n'avaient plus que des reliquats d'indemnité à recueillir. La loi n'en faisait pas moins un impartial appel à tous.

Le rapporteur devant la chambre des Pairs, Portalis, insista sur le caractère équitable de la loi : « La loi, dit-il, n'est pas une loi de rémunération : c'est une loi de réparation et de dédommagement; la mesure qu'elle concerne n'est point un hommage rendu à la fidélité et au dévouement de quelques-uns, mais une indemnité accordée dans l'intérêt de tous ceux dont la propriété a été violée. Aussi la loi ne fait-elle point acception de personne, ne recherche-t-elle pas les opinions ni la condition, elle n'a égard qu'à une seule circonstance, qu'à un seul fait, celui de l'expropriation. Ce ne sont point les défenseurs d'une cause respectable et sacrée qu'elle considère dans les propriétaires dépossédés : *c'est la propriété qu'elle réhabilite dans ses droits.* Le républicain girondin ou le Toulonnais émigré après le 31 mai, le conventionnel victime ou complice de Robespierre, les déportés du 9 thermidor et ceux du 18 fructidor, sont égaux à ses yeux; si les biens fonds qu'ils possédaient ont été confisqués et aliénés, ils recevront l'indemnité. »

Ce n'est pas ici le lieu de nous engager dans un exposé ni même dans un résumé de l'interminable discussion qui dura deux mois devant la chambre des députés et qui se renouvela devant la chambre des pairs. Bornons-nous à en indiquer et à en faire ressortir les principaux caractères.

Dans un entraînement séditieux que l'improvisation n'excusait pas (comme la plupart des orateurs de ce temps, il récitait ou lisait), le général Foy s'écria : « Que les possesseurs de biens nationaux sachent que transiger avec les anciens propriétaires, ce serait outrager la mémoire de leurs pères et commettre une lâcheté... Et si l'on essayait de leur arracher par la violence les biens qu'ils possèdent légalement, qu'ils se souviennent qu'ils ont pour eux le roi et la Charte et qu'ils sont vingt contre un ! »

A ce langage de clubiste, voici ce qu'auraient pu répondre les possesseurs de biens nationaux :

« Pourquoi se mettre vingt contre un et pourquoi batailler ? Est-ce qu'on réclame de nous la restitution des biens que nous avons acquis ? En aucune façon ; tout au contraire, la loi assure entre nos mains la propriété de ces biens. Nous les cultiverons, nous les aliénerons, nous les hypothèquerons, nous les transmettrons en sécurité à nos enfants, sans que personne puisse désormais en contester l'origine et en troubler la possession. Qu'est-ce que nous coûte cette assurance ? Rien, à nous individuellement ; rien, pas même quelques centimes additionnels d'impôts. Quelles que fussent les déclarations des rois ou des souverains, nous n'avions qu'une possession précaire, disputée, honnie ; désormais, nous serons vraiment propriétaires. »

La loi d'indemnité substituait en effet à ce qu'on appelait le droit révolutionnaire le fondement de tout droit : la justice. Ce n'était pas seulement la loi qui ratifiait les ventes, c'étaient les anciens propriétaires eux-mêmes qui, en recevant un dédommagement bien disproportionné à leurs pertes, faisaient à la paix publique et à la réconciliation générale le sacrifice de leurs intérêts particuliers.

Ceux qui s'en tenaient à la rigueur des principes et qui considéraient dans le projet de loi moins une transaction politique qu'une thèse qui entraînait des conséquences logiques, disaient : « Vous ne rendez pas les biens, mais leur valeur : donc, vous ratifiez les ventes effectuées. Mais si elles ont été faites en violation du droit (et comment prétendre le contraire?) pourquoi tenter de les sanctionner? Elles n'avaient en leur faveur que le triste privilège de la force : vous y ajoutez celui d'une loi. C'est bien pis. Ne vaut-il pas mieux laisser peser sur ces droits violés les revendications de la conscience publique et privée, que de couvrir d'une législation complaisante ces scandaleux attentats à la propriété de quelques-uns? »

A un point de vue purement politique, on a pu blâmer et taxer d'exagération ces considérations; mais n'en ressort-il pas que l'adoption de la loi devait amener précisément cette pacification que ses adversaires royalistes redoutaient comme une compromission; que les concessions étaient faites par les victimes et par les acquéreurs de biens nationaux; qu'en un mot, les uns consentaient un abandon définitif de leurs réclamations, tandis que les autres recueillaient la confirmation désormais inébranlable de leur acquisition?

§ 6

LES INDEMNITAIRES N'ONT TROUVÉ DANS LA LOI
QU'UNE TRÈS INCOMPLÈTE SATISFACTION.

D'abord, toutes les valeurs mobilières étaient exclues de l'indemnité qui ne se référait qu'aux biens immeubles.

L'État ne rendait pas les biens eux-mêmes, mais leur valeur.

Cette valeur elle-même n'était pas calculée sur l'état actuel des biens, mais sur leur état en 1790; or les biens avaient augmenté et l'argent avait baissé. Si l'estimation eût été faite en 1825, il y aurait eu quelque correspondance entre le bien et sa valeur vraie, mais la valeur de 1790, de 1795, c'est-à-dire d'un temps où tout était avili, où ces biens eux-mêmes étaient d'une aliénation difficile : quelle dérision!

Depuis 1790, 1795, 1803, les acquéreurs avaient joui de ces biens, l'État les avait administrés et en avait recueill' les fruits : ces fruits, cette jouissance restaient aux acquéreurs ou à l'État. En compensation de ces biens dont ils étaient privés depuis trente-cinq ans, qu'est-ce que recevraient les anciens propriétaires? RIEN.

Ainsi, privation des biens, privation des fruits, privation des revenus; une somme fixe et sans intérêts évaluée sur des ventes ou sur des estimations antérieures de 25 à 35 années : voilà le sort des indemnitaires.

Mais cette valeur même, la leur donnait-on? Pas davantage; il était dû deux milliards et demi; on offrait un milliard, ce qui n'en faisait pas la moitié.

Ce milliard, va-t-on le donner, au moins? Les acquéreurs détiennent le fonds; va-t-on donner aux indemnitaires l'équivalent, c'est-à-dire un capital? Non; on leur remet de la rente 3 pour 100, au pair, c'est-à-dire ne rapportant réellement que 3 pour 100, en leur laissant la chance incertaine d'une plus-value.

Il est impossible de méconnaître que la réparation était bien loin d'être complète, et que, s'il était demandé un sacrifice, ce n'était pas aux acquéreurs de biens nationaux.

§ 7

CETTE LOI A ÉTÉ RATIFIÉE DE DIVERSES MANIÈRES PAR L'OPINION PUBLIQUE

Cette loi, si passionnément, si longuement discutée, et par quelques-uns si aveuglément et si injustement flétrie, a reçu depuis de multiples témoignages qui en ont confirmé la justice et l'autorité.

I. — *L'opposition de 1825.*

Écoutons M. Nettement, l'un des historiens de la Restauration :

« Ceux qui avaient combattu l'indemnité dans les deux chambres ne furent pas les derniers à produire leurs titres.

» A la Chambre des pairs, les ducs de Choiseul et de **La** Rochefoucauld-Liancourt, les deux chefs de l'opposition de gauche, se firent liquider, le premier pour 1,100,000 fr., le second pour 1,400,000.

» D'anciens membres de la gauche, dans la Chambre des députés, suivirent cet exemple : M. de La Fayette se fit liquider pour 450,682 fr., M. Gaëtan de La Rochefoucauld pour 428,206 fr., M. Charles de Lameth pour 201,696 fr., M. de Thiars, qui siégeait encore sur les bancs de la gauche, pour 357,857 fr.

» Le duc d'Orléans, qui avait émigré avec Dumouriez, absorba à lui seul quatorze millions[1] ».

1. Histoire de la Restauration. T. VII, 143. -- D'après M. Bocher, le duc d'Orléans n'aurait recueilli dans la liquidation de l'indemnité

II. — *L'Assemblée législative sous la seconde République.*

Deux députés, dont l'un n'avait pas plus d'autorité que l'autre, sollicitèrent, en 1851, de l'Assemblée législative, une loi qui ordonnât la restitution à l'État du milliard des émigrés ; le premier, Colfavru, ancien rédacteur du *Père Duchêne*, par une contribution proportionnelle et annuelle qu'auraient supportée solidairement les citoyens et leurs héritiers, bénéficiaires du milliard ; le second, Lagrange, connu par ses excentricités, réclamait le remboursement intégral avec les intérêts.

La commission nommée par l'assemblée fut UNANIME à repousser ces propositions. Le rapporteur, M. Corne, un républicain, dénonça le désordre et l'alarme qu'entraînerait pour une foule de citoyens le rappel de la loi de 1825 ; il invoqua l'inviolabilité des patrimoines et termina par les lignes suivantes : « Cette loi, consacrée par le temps, a du moins ce mérite : c'est d'être comme la pierre scellée sur un passé où sont ensevelies des passions, des haines et des guerres déplorables qui ont longtemps déchiré notre patrie[1] ».

L'Assemblée législative ratifia sans discussion les conclusions de la commission.

que sept millions six cent mille francs, et seulement du chef de la succession maternelle : il ne lui aurait été rien accordé comme héritier de son père, parce que la plus grande partie de l'actif avait été considérée comme composée de valeurs mobilières ne donnant pas droit à indemnité. (Séance de l'Assemblée nationale du 21 novembre 1872).

1. Comptes rendus de l'Assemblée législative. T. XIII. Annexes, p. 47, 31 mars 1851

III. — *Les Historiens.*

On lit dans l'Annuaire Lesur :

« L'indemnité des émigrés a donné un tiers de valeur en plus aux biens des paysans : c'est la consécration du partage de la propriété. C'est ce qui a fait dire à tous : nul ne peut plus désormais toucher à la propriété en France[1] ».

M. Duvergier de Hauranne, qui n'est pas suspect de faiblesse pour la Restauration, a écrit à propos de l'acte de 1825 :

« En définitive, la loi a été bonne pour les nouveaux propriétaires comme pour les anciens, et la France n'a point eu à regretter de payer par trente millions de rentes un si heureux résultat[2] ».

M. de Viel-Castel en a très judicieusement signalé les avantages :

« La loi était à peine rendue que la distinction qui avait usqu'alors existé entre les biens dits nationaux et les biens patrimoniaux cessa d'exister avec les dénominations qui la consacraient. La valeur vénale des biens nationaux qui, par suite de la défaveur morale attachée à leur possession plus encore que des inquiétudes qui pesaient sur elle, s'élevait tout au plus aux deux tiers de la valeur des autres propriétés de même contenance, lui fut désormais égale, et les acquéreurs trouvèrent ainsi un bénéfice considérable dans la mesure que leurs amis politiques avaient combattue avec tant d'acharnement. Les anciens propriétaires, une fois en jouissance de l'indemnité, parurent oublier les pré-

1. Année 1849, p. 444, à la note.
2. Histoire du gouvernement parlementaire, VII, 297.

tentions qu'ils avaient élevées jusqu'alors, et comprirent
que cette indemnité était définitive[1] ».

M. Calmon, l'éditeur des discours parlementaires de
M. Thiers, rend un double hommage et à la sagesse de la
loi et à l'habileté du ministre qui en combina les dispositions :

« Quarante-quatre années se sont écoulées depuis cette
époque, dit-il, et, à mesure que se sont éteintes les passions
qui agitaient alors les esprits, l'opinion publique a ap-
précié avec plus de justice la loi d'indemnité. Cette loi,
en effet, en donnant satisfaction à des intérêts respectables,
en rendant ainsi leur valeur à des biens dépréciés et la
sécurité aux détenteurs de ces biens, a été tout à la fois
une mesure d'équité et de bonne politique ; et nous ajou-
terons que, par la façon dont elle a été conçue et par le
mode d'exécution qui fut réglé, elle a été un des actes de
l'administration de M. de Villèle qui ont fait le plus
d'honneur à cet homme d'État[2]. »

Ainsi l'opposition de 1825, l'Assemblée législative en
1851, des historiens de nuances diverses, ont approuvé la
loi d'indemnité, ont reconnu ses avantages et salué la
réconciliation générale dont elle a été le signal. Il n'y
aurait donc plus en France une Irlande dépouillée dont les
blessures toujours saignantes crieraient vengeance et justice ! Le sol était libéré. Les propriétés territoriales prirent
dès ce moment le même essor que le commerce et le
crédit : la fortune immobilière, comme délivrée d'une marque d'infamie, reprit son rang, sa liberté d'allures, son
honneur. Il y avait eu jusque là deux ordres de propriétés :
les propriétés patrimoniales, assises sur l'héritage et la

---

1. Histoire de la Restauralion, t. XIV, p. 368.
2. *Histoire parlementaire des finances de la Restauration,* t. II, 116.

transmission légitime; les propriétés nationales, dont le nom seul était une tache et une injure. Désormais, il n'y avait plus de distinction, et l'inviolabilité que leur promettait la Charte n'aurait à redouter aucune revendication. C'était la paix entre tous les Français, la paix fondée sur le respect du droit de tous. Ce glorieux résultat n'était-il pas la meilleure ratification de la loi de 1825 et l'honneur immortel de ceux qui l'avaient présentée comme de ceux qui l'avaient votée?

§ 8

LA RÉVOLUTION DE 1830 ET LA LOI D'INDEMNITÉ.

Lorsque la révolution de 1830 éclata, la liquidation de l'indemnité aurait dû être entièrement terminée : peu s'en fallait qu'elle ne le fût. Comme tous les émigrés, le duc d'Orléans avait participé à l'indemnité : un simple motif de convenance aurait commandé à ses amis de laisser la liquidation s'ahever en paix et sortir tous ses effets.

Il n'en fut rien, et M. Laffitte, épousant les colères des conventionnels survivants et des libéraux leurs alliés, imprima à son nom et à son ministère la honte d'avoir réhabilité la honteuse confiscation. Alors que la prospérité générale comme l'avantage particulier des nouveaux propriétaires avaient répondu victorieusement aux alarmes des orateurs de l'opposition, il osa parler de la loi d'indemnité comme « d'un des plus grands dommages causés au pays » ; alors que l'État s'était libéré à si peu de frais des confiscations qu'il avait prononcées et dont tous les services publics avaient profité, le ministre osa prétendre que l'indemnité avait été « un acte criant de spoliation envers l'État. » Il fit plus : il traita les indemnitaires de « vaincus » lui le ministre d'un roi ci-devant émigré et indemnitaire !

Berryer releva avec vigueur ce nom de guerre civile : Au nom du chef de l'État, réduire un parti à jouer le rôle de vaincus! Sont-ce là les promesses qu'on nous a faites? Est-ce que les vérités qui ont été jurées ne seraient que déceptions? Ne devons-nous pas tous marcher avec une égale fierté au milieu de nos villes? à quelle classe destine-t-on cette existence de vaincus? Elle serait intolérable, et je sens dans mes veines une âme française qui ne se résigne pas à accepter une vie si humiliante »! (Mouvement général d'adhésion.)

Il ne s'agissait pas, bien entendu, de revenir sur les opérations accomplies : mais voici, et c'était bien assez, sur quoi portait la rétractation de la loi de 1825.

On se souvient que, pour rétablir quelque égalité de traitement entre les biens aliénés avant 1795 et ceux qui l'avaient été postérieurement, la loi, au lieu d'estimer les derniers à vingt fois leur revenu de 1790, avait retranché deux vingtièmes qui devaient composer un fonds commun, destiné à réparer des évaluations insuffisantes et des inégalités dans l'indemnité. En 1830, le fonds commun, réservé sur les sommes mêmes destinées à la liquidation, s'élevait à trois millions de rentes 3 pour 100. C'est le capital de ces rentes que le ministère Laffitte entendait attribuer, ou, suivant son expression, « restituer » à l'État. Ce projet était si bien comme la contre-épreuve d'un projet qu'on eût pu croire daté de 1792 ou de 1793, que le ministre présentait l'Europe armée contre nous, la Russie prête à partir en guerre, dénonçait Pitt et Cobourg et leur opposait déjà, outre le bon état de ses finances, une armée de cinq cent mille hommes et un million de gardes nationaux, « avec Louis-Philippe à la tête et le jeune duc de

Nemours. » En pareille aventure, ne fallait-il pas, comme naguère, battre monnaie avec les biens des anciens émigrés? C'est pourquoi l'État s'emparait des 75 millions qu'une loi leur avait accordés comme complément d'indemnité. N'était-ce pas le droit révolutionnaire dans toute la pureté de ses traditions?

Le comte de Montalembert (père de l'illustre orateur catholique), le comte de Clarac, le vicomte du Bouchage réclamèrent vainement contre la violation du contrat par l'État. La loi de 1825 n'avait-elle pas accordé 30 millions de rentes au capital d'un milliard? Cette indemnité n'avait-elle pas été reconnue « due par l'État »? Si le chiffre n'en pouvait être augmenté, est-ce qu'il pouvait être diminué? Est-ce que, dans cette même loi, on ne lisait pas : « Lorsque le résultat des liquidations aura été connu, *les sommes restées libres* sur les trente millions de rentes... seront employées *à réparer les inégalités qui auraient pu résulter des bases fixées par le présent article* ». C'est bien là la preuve qu'il y avait eu affectation définitive de la totalité des trente millions au profit des indemnitaires et que l'État ne pouvait élever aucune prétention sur le reliquat.

On parlait d'une guerre possible. « Était-il juste, faisait observer le vicomte du Bouchage, de prélever les frais de la guerre sur les seuls indemnitaires »? Mais il s'agissait bien de justice! M. Thiers, commissaire du roi, soutint le droit de confiscation qu'auraient eu les Assemblées de la Révolution, par cet étrange argument « qu'à cette époque, le principe de la confiscation n'avait pas été aboli dans nos lois et qu'alors on a pu dire que la loi qui frappait les émigrés était une loi juste ». Singulière erreur de la part d'un historien de la Révolution! M. Thiers avait-il oublié que la confiscation avait été abolie par un décret de l'Assemblée Constituante, le 21 janvier 1790?

Quoi qu'il en soit, la loi fut votée (5-6 janvier 1831), et les soixante-quinze millions formant la dotation du fonds commun, enlevés aux légitimes espérances des indemnitaires, rentrèrent dans les coffres de l'État. Mince bénéfice en échange d'une grave atteinte aux principes constitutionnels ! Mesure de haine sociale et de rancunes politiques en représailles d'un acte solennel de réconciliation ! On ne voulait pas seulement marquer l'hostilité officielle contre une classe et contre un parti : on voulait creuser plus profondément le fossé entre la dynastie déchue et la dynastie nouvelle, et au profit de qui ? Au profit des idées révolutionnaires.

§ 9

Le véritable et grand résultat de la loi d'indemnité
a été celui-ci :

NUL NE PEUT PLUS DÉSORMAIS TOUCHER
A LA PROPRIÉTÉ EN FRANCE.

Ce n'est pas qu'on ne l'ait essayé, et chaque fois, sous la deuxième république comme sous le second empire, ce fut contre les biens de la famille d'Orléans que s'exerça cette tentative de confiscation. La première fois, elle échoua honteusement ; la seconde fois, elle réussit, partiellement et pour un temps, mais à la honte de son auteur.

Le 5 juillet 1848, un ancien secrétaire du ministère de l'intérieur sous le gouvernement provisoire, ancien secrétaire du ministère des affaires étrangères sous la commission exécutive, M. Jules Favre, proposa à l'Assemblée Constituante de « déclarer acquis au domaine de l'État les biens composant le domaine privé de l'ex-roi Louis-Philippe. »

Ce fut le plus constant et le plus éloquent adversaire du gouvernement déchu, Berryer, qui, nommé rapporteur de la Commission, répondit à cette proposition exhumée de la législation Conventionnelle. Il le fit, sans vaine rancune contre ceux qui, en 1830, avaient foulé ses amis aux pieds, en qualité de *vaincus*; il le fit, en ne se reportant qu'au principe du respect de la propriété qu'avait proclamé la Charte de 1814 et qu'avait confirmé la loi de 1825.

« La confiscation, dit-il, est rayée de nos codes, elle ne doit plus y reparaître... Toute iniquité se combat elle-même ; le temps combat pour les droits violés et l'expérience des révolutions doit nous enseigner qu'on ne saurait sauver ni le pouvoir ni la liberté par l'injustice. Qu'il s'agisse d'un monarque ou d'un simple particulier..., il n'importe, le mal est le même et ce mal est contagieux... et tout gouvernement doit être convaincu que sa dignité, sa force, son influence sur les intérêts de tous, seront jugées et mesurées dans l'esprit des peuples par le respect qu'il saura garder pour le droit, la justice et l'honnêteté publique [1]. »

Le 25 octobre suivant, l'Assemblée nationale s'associa aux pensées du rapporteur et ratifia les nouvelles propositions relatives aux biens de la famille d'Orléans, propositions d'un caractère purement administratif, et qui, est-il besoin de le dire, ne ressemblaient en rien à celles de M. Jules Favre.

La seconde tentative fut faite par Louis-Napoléon Bonaparte, pendant la période de dictature qui suivit le coup d'État du 2 décembre.

1. Comptes rendus de l'Assemblée nationale, t. IV, 764; t. V, 304-306.

On connaît les décrets du 22 janvier 1852. Par l'un, les membres de la famille d'Orléans étaient interdits du droit de posséder des meubles ou des immeubles en France, et tenus de vendre, dans l'espace d'un an, tous les biens qu'ils possédaient dans l'étendue du territoire de la République. Par l'autre, les biens faisant l'objet de la donation du 7 août 1830 étaient restitués au domaine de l'État; sur le prix de vente de ces biens, 35 millions devaient être répartis entre les sociétés de secours mutuels, les logements des ouvriers dans les grandes villes manufacturières, les institutions de Crédit foncier et les desservants les plus pauvres; le surplus était réuni à la dotation de la Légion d'honneur.

En dépit du silence général qu'entretenait la dictature, il s'éleva des protestations qui, bien qu'isolées, témoignèrent pour la conscience publique offensée. Le ministre de l'intérieur, l'homme de France le plus étroitement associé de cœur et de fortune au coup d'État, M. de Morny, donna sa démission; le ministre des finances, M. Fould, fit de même; le général Saint-Arnaud, ministre de la guerre, garda son poste, mais après avoir fait mine de se retirer; le tribunal de la Seine prétendit juger cette scandaleuse atteinte à la propriété et ne fut dessaisi que par une violence administrative; le procureur général à la Cour de cassation, M. Dupin, donna sa démission. Le clergé et l'armée refusèrent les libéralités que voulait leur faire le spoliateur des princes d'Orléans avec le prix de ces biens confisqués, et, pour tenir partiellement les promesses des décrets sans révolter la conscience des donataires; le Président dut rendre, le 9 mars suivant, un nouveau décret par lequel, usant de la faculté que lui donnait une loi de 1850, il appliquait à ces générosités intéressées 35 millions à provenir de coupes dans les forêts de l'État.

Cette iniquité, commise au début de l'Empire, pesa sur toute sa durée.

En 1871, le gouvernement de M. Thiers présenta à l'Assemblée nationale une loi de réparation. « Cette loi, disait l'exposé de motifs, est l'œuvre d'un gouvernement d'honnêtes gens offerte à une assemblée d'honnêtes gens. »

Chose à noter ! Les principales dispositions de cette loi sont calquées sur celles de la loi du 27 avril 1825, tant l'offense au droit primordial de propriété avait été la même, tant les modes de réparation, à un demi-siècle d'intervalle, devaient se ressembler, quelque distance d'opinion qu'il y eût de M. de Villèle à M. Thiers ! L'Assemblée fut unanime. MM. Lepère, Pascal Duprat, Henri Brisson, dont les observations respiraient des sentiments trop semblables à ceux du dictateur de 1852, n'en déclaraient pas moins hautement qu'ils exécraient et le principe de la confiscation et les décrets eux-mêmes. M. Lepère demanda un ajournement : « Nous ne voulons pas, même un instant, être le recéleur de la fortune d'autrui, » répliqua M. Robert de Massy, rapporteur. M. Clément Laurier prit hardiment fait et cause pour les princes contre M. Pascal Duprat, le réfuta vivement et s'écria : « Je demande qu'on leur rende justice, comme on la rendrait à un simple charbonnier qui se trouverait dans une situation pareille. » Enfin, M. Bocher qui, lui aussi, avait attendu pendant vingt ans ce jour de justice, dans un chef-d'œuvre de discussion oratoire, réfuta toutes les calomnies que l'erreur, la mauvaise foi ou l'ignorance avaient accumulées sur ces biens et sur leurs propriétaires : « La spoliation, dit-il en terminant, le dommage matériel qui en résultera, vous ne le réparerez qu'en partie, soit ; mais le dommage moral, mais l'injure, vous allez l'effacer. Et pour que cette réparation à la mémoire du vieux roi soit plus complète, il arrive, Messieurs, par une étrange et bien juste faveur du sort, que vous allez l'accorder dans ce palais même, dans ce palais de Versailles qui est en partie son œuvre ; qui, relevé, restauré, embelli par ses soins et à ses dépens, après avoir été d'abord consacré à toutes les gloires de la France, s'est trouvé prêt pour vous recevoir, vous les représentants de ses libertés et de sa souveraine justice[1]. »

Cette loi fut votée le 21 décembre 1872.

CONCLUSION

La loi du 27 avril 1825 fut une mesure de justice, d réparation publique, de pacification sociale.

Elle fut une protestation officielle contre le régime de la confiscation, quelles qu'en eussent été les victimes dans le passé, ou quelles qu'elles pussent être dans l'avenir.

Elle ne fit acception ni de personnes ni de partis ; elle énéficia aux partisans de la révolution comme à ses amis, à ceux qui avaient repoussé l'indemnité comme à ceux qui l'avaient votée.

Au point de vue économique, elle rétablit la valeur vraie de domaines dépréciés par leur origine et augmenta ainsi la richesse générale.

Elle n'apporta au budget national qu'un modeste surcroît de charges ; elle n'eût même rien coûté si la Révolution de 1830 n'en avait interrompu l'exécution.

Mais le grand et inappréciable service qu'elle rendit fut de confirmer à jamais le principe sacré de la propriété, « Vous avez voulu, disait le marquis de Malleville à la Chambre des pairs (27 décembre 1830), que la grandeur

1. *Journal officiel.* Novembre 1872. P. 7246.

même de la réparation prévînt à jamais la pensée de rétablir la confiscation des biens. » J'oserai le dire: la confiscation a reçu de la loi de 1825 un coup mortel dont elle ne s'est pas relevée. Ce n'est plus seulement une théorie reléguée chez les auteurs, un article de loi, un article même de Constitution ou de Charte : c'est un axiome reconnu par la conscience publique et ratifié par l'expérience. Si, dans un moment d'erreur ou d'aveuglement, un gouvernement abuse de la dictature jusqu'à lâcher la bride à sa cupidité ou à sa violence, il y aura après lui un gouvernement ou un homme qui mettra son honneur à en faire une réparation publique. On a pu, dans le passé, porter atteinte à la propriété, à la personne du citoyen, à sa liberté religieuse, à sa liberté individuelle; on pourra le faire encore. Sous quelque forme que se produise la confiscation, qu'elle s'attaque aux biens ou aux droits les plus sacrés, les plus intimes, les plus inviolables de l'homme et du citoyen, elle aura son jour, comme toute violence peut avoir le sien, mais on peut croire et affirmer qu'elle n'aura qu'un jour : le lendemain, se lèvera la justice.

Victor Pierre.

FIN

PARIS. — IMPRIMERIE ÉMILE MARTINET, RUE MIGNON, 2.